외로운
식량

박찬 시집

외로운 식량

문학동네

차례

그 시절	9
사람	10
오래된 숲 1	11
오래된 숲 2	12
오래된 숲 3	13
외로운 식량	14
흙으로 구운 시 ― 박실의 테라코타전에 부쳐	15
개화산에서	18
신열	19
예쁜 꽃	20
그리운 잠 2	21
도깨비발톱	22
몸살	23
오십줄	24
귀가	25
봄편지	26
봄의 幻	27
봄날 저녁 무렵	28
달마산	29
백담사에서 ― 鳳今無수	30
매화꽃 전쟁	32
화산	34
석류	35
백담사 계곡	36

사랑	38
心詞 3	39
산령(山嶺)을 넘으며	40
가을밤	41
칸나꽃 질 무렵	42
절름발이	44
진도行	46
옻나무	48
꽃도장	49
타클라마칸 사막을 지나며	50
산빛	51
가을, 석남사	52
가을밤	53
얼음매미	54
대만란(臺灣蘭)	55
DNA	56
달빛	58
밤길을 걷다	60
달의 계곡	61
도비도	62
꽃샘	64
애기동백	65
적막한 귀가	66
마음의 폐허 5 — 타클라마칸 사막에서	68

마음의 폐허6	69
미황사	70
물끄러미	71
거시기	72
비 오는 날	74
치자꽃 피는 밤	75
인생아!	76
마음의 폐허 — 타클라마칸 사막에서	77
진도 북춤	80
그 웃음	82
좆도	84
포도시	85
옥녀봉	86
적막	88
고혹	89
바람이 사는 집 — 책장	90
존재의 이름	91
집	92
하늘연꽃	93
散骨을 하며 — 어머님께	94
당혹	96
듯	97
수아다카	98
도시에서 사는 법	100

메르브	101
서래봉 가는 길	102
위태로운 봄	104
새벽별	105
꽃자줏빛	106
겨울 주왕산	108
공명(共鳴)	109
천둥소리	110
허공꽃	111
급한 일	112
목포의, 눈물	113
째보 금자	114
108계단	116
소리를 찾아서 — 서래봉 가는 길	117

해설 | 홍용희 자연의 운행원리와 영생의 시학   118

그 시절

백모란 지던 시절
그 시절 시들듯 시들어갔네
꽃 같던 모습
뚝뚝 지는 꽃처럼
빗방울 후드득 떨어지고
하늘은 다시 맑았네
뒷산 불던 바람 자연하고
흰 구름 둥둥 여여하였네

그 시절 시들듯 그도 시들어갔네

아무 일도 일어나지 않았네
꽃잎만 한 잎
뚝! 떨어졌을 뿐

사람

어디 없는가
모가지째 떨어지는 붉은 동백같이
일생에 단 한 번 하얗게 꽃 피우고 죽어버리는 대나무같이
늘 푸른 마음을 가진……

오래된 숲 1

 오래된 숲이었습니다 햇볕 잘 드는 양지 쪽으로 조그만 집 하나 있었습니다 오막살이 집 한 채 노인이 살고 있었습니다 그윽한 숲 아침이면 안개가 피어올라 이따금 집을 가리기도 하였습니다 노인은 강가에 나가 낚시질로 하루해를 보냈습니다

 바람이 붑니다 꽃잎이 떠내려옵니다 비가 내립니다 강물이 황톳물로 변합니다 바람이 붑니다 나뭇잎이 떠내려옵니다 바람이 붑니다 강이 꽁꽁 얼어붙습니다 노인은 꼼짝도 하지 않고 얼음구덩이 속으로 던진 찌를 바라보고 있습니다

 숲은 적막입니다 이따금씩 땅 우는 소리가 들려옵니다 숲 우는 소리가 들려옵니다 물소리 새소리 바람 부는 소리 풀벌레 우는 소리가 들려옵니다 오가는 것은 해와 달과 비와 바람과 구름뿐 별은 가냘픈 초롱빛입니다

오래된 숲 2

 바람이 숲을 지날 때 나무도 풀도 떨어진 잎새까지도 몸을 구부려 우우 소리내어 웁니다 숲은 오랜 무료함에서 깨어나 잊었던 몸짓을 다시 생각해내는 듯 몸을 떱니다 바람이 불어가는 쪽으로 바람이 불어가는 쪽으로만……

 숲은 고요에서 깨어나는 일이 귀찮아도 그로써 숲임을 확인합니다 태양은 따스함으로 비는 빗물로 바람은 떨림으로 그리고 어둠은 고요한 쉼으로 생명을 주고 키우며 그 안에서 열매를 맺게 합니다

 사랑하는 일은 부단히 누군가를 상관하는 일입니다 아무것도 사랑하지 않는다면 어찌 상관하려 들 것입니까 사랑이 없다면 땅도 비도 눈도 바람도 햇빛도 그리고 마음도 없는 황량한 죽음뿐일 것입니다

오래된 숲 3

그대 눈동자 푸르러 바다가 푸르고 그대 긴 머리칼 넘실댈 때마다 파도 또한 넘실댑니다 얼마나 오랜 세월 거기에 앉아 있으시렵니까 수평선 너머 사라진 쪽배 돌아오지 않고 물 끝 바라보는 그대 눈동자만 점점 더 푸르러갑니다

바다는 깊어 푸르고 하늘도 깊어 푸르고 그대 마음 또한 깊어 푸르러집니다 나 그대를 사랑함은 그대 안에 뭇 생명들 키우고 있기 때문입니다 젖은 땅속으로 하얗게 내리는 실뿌리 이끼와 버섯 이름 모를 것들이 아무 걱정도 없이 살아가고 있기 때문입니다

가없는 하늘에서 쏟아지는 햇살 밤하늘의 별빛 그대 머리 위에 눈부십니다 새 한 마리 날아와 온 하늘을 뒤덮는다 한들 누가 있어 그것을 알 것입니까 그곳에 앉아 그대로 풍화돼버린다 해도 그대 그렇게 앉아 있는 뜻 그 누가 알기나 할 것입니까

외로운 식량

이슬만 먹고 산다 하데요
꿈만 먹고 산다 하데요

그러나 그는 밥을 먹고 살지요
때로는 술로 살아가지요
외로움을 먹고 살기도 하지요

외로움은 그의 식량,
사실은 외로움만 먹고 살아가지요

외로움은 그의 식량이지요

흙으로 구운 시
— 박실의 테라코타전에 부쳐

어느 날 오후
꿈에서 깨어났을 때
바람은 산을 넘어가고 있었네
기다림의 긴 세월이 가고
기다림의 흔적 속을 헤매고 있을 때
여운의 아련한 끝동 신고
바람은 또 산을 넘어가고 있었네
어느 날 오후
꿈에서 깨어났을 때

*

 내가 어떻게 손을 잡아 너는 그만큼 서 있고 나는 이만큼 서 있어 우리들 포로롬한 사이로 햇살만 햇살만 반짝이는구나 내가 손을 내밀었을 때 마주 보는 눈썹 날리며 바람이 불어 너는 다가와 풀잎으로 눕고 나는 그 위에 이슬로 내려 내밀한 풀숲을 헤치는 바람아 눈부시구나 참말로 부끄럽게는 남이 볼지도 몰라 너는 얼른 저만큼 떨어지고 나는 얼른 이만

큼 떨어져 바라보는 풀잎들 더욱이나 더욱이나 반짝이는구나

*

  울지 마 방울아 삼신할미 점지할 때 엄마가 흙을 빚듯 너를 빚을 때 그것은 사랑만으로 되는 것이 아니야 나 이 세상에 오듯 너 또한 이 세상에 와 손끝에 서리는 예감의 바람으로 반은 엄마를 반은 아빠를 흔적으로 남겨놓고 서둘러 어둠을 내려 보이지 않는 숲속에서 길이 갈라져 이제 너와 나 각각의 길을 가며 마주 보는구나 빤히 보면서도 건너지 못하는구나

*

  어느 날 오후
  꿈에서 깨어났을 때
  바람은 산을 넘어가고 있었네
  기다림의 긴 세월이 가고

기다림의 흔적 속을 헤매고 있을 때
여운의 아련한 끝동 싣고
바람은 또 산을 넘어가고 있었네
어느 날 오후
잠에서 깨어났을 때

개화산에서

   그곳에 가면 떠나고 싶은 마음을 가진 사람들 만난다 휘황한 공항의 불빛을 뒤로하고 늦은 밤 땅을 박차오르는 비행기 불빛 깜빡이며 사라져간다 외롭고 쓸쓸한 사람들 발소리에 풀벌레들 울음 멈추면 먼 하늘 응시하는 사람아 그리움 따라 허공을 맴도는 생각 그마저 길을 잃고 별빛에 마음 실어 보내는 개화산 미타사 미륵불 아래 피었다 지고 없는 상사화 자리

신열

  잎 다 지고 초록도 가신 늦가을날 이마에 느닷없는 땀빙울 맺힌다 땅도 앓고 있는지 시방 푸새도 앓고 있는지 손등으로 땀방울 훔친다 미친 더위 가신 뒤 피는 꽃 철 없는 꽃 열매라도 맺을 양 산모롱이 호젓한 곳에 홀로 떨고 있는 신열에 들뜬 발그레한 얼굴

예쁜 꽃

이제 더이상 꽃에 대해 이야기하지 않겠다
꽃에 대해 얘기하자면 한이 없을 것이므로
그러다 마침내 꽃을 잃어버리게 될 것이므로

새벽 산책길에서
한낮의 호젓한 산길에서
행여 그 꽃을 보게 되면
그냥 생각만 하리
건들거리는 바람처럼……
"이쁜 꽃이 피었네"

그리운 잠 2

서산에 넘어가는 해를 바라보는 일은 쓸쓸하다
하루 일을 마치고 일터를 나서는 일은 쓸쓸하다
뒤늦게 떠오르는 하현달을 보는 일은 쓸쓸하다
먼 산을, 먼 하늘을 응시하는 눈이 참 쓸쓸하다
길게 그림자 드리워지는 뒷모습이 참 쓸쓸하다
그런 모습들을 바라보는 일이 참으로 쓸쓸하다

쓸쓸한 발걸음의 끝에 오는 잠이여 편안하여라
쓸쓸한 시선의 끝에 쏟아지는 잠아 편안하여라

도깨비발톱

그리운 것은
도깨비발톱같이 따라다닌다
발가벗은 나무들 서 있는
눈 덮인 서산마루의 햇살처럼
붉게 타오르기도 하고
겨울 하늘 밝히는 하얀 달처럼
차갑게 빛나기도 한다

발아래 뽀득이는
무명치마 쓸고 지나간 길
눈빛에 취해 밤새 걸어도
제자리로 돌아오는 눈홀림

그리운 것은
눈밭을 헤매도
떨어질 줄 모르고
도회까지 따라오는
도깨비발톱

몸살

 시집을 내고 드러누웠다. 출판기념회 안 하냐고, 조촐하게 좋아하는 사람들끼리 술 한잔 하는 것도 좋지 않겠냐고, 겨우 일어나 받는 전화선 너머 목소리가 웅웅거린다. 그래야지, 오 년 만인데. 그런데 내가 지금 좀 그렇네. 출근도 못 하고 누워 있거든(누우면 며칠 앓다가 곧 일어났는데), 이번에는 별일이네. 이런 적 없었는데…… 아내는 정말 어디 아픈 데 있는 게 아니냐며 눈을 동그랗게 뜨고 걱정한다. 그놈의 담배 좀 끊을 수 없어요? 입에 발린 짜증도 낸다. 다 큰 딸내미도 물수건을 짜 이마에 올려놓으며 걱정빛이다.

 괜찮다. 곧 일어날 거다. 아빠는 평소 안 아프다가도 한번 아프면 이렇잖니. 위로하지만 지금 내 몸은 내 몸이 아니다. 누가 내 몸에 들어와 앓고 있는 것이다. 사실은 내가 아픈 게 아니다. 나는 그저 내 몸에 들어와 앓고 있는 놈의 정체를 알기 위해 지그시 눈을 감고 어둠 속에서 그놈을 찾고 있는 것이다.

오십줄

이러다 합죽이가 되겠다.
지난 세월 너무 옹다물고 살다보니
어금니에서부터 하나씩 뽑아낸 것이
이제는 오물거린다.

왜 말 한마디 하지도 않고
왜 큰소리 한번 치지도 않고
왜 소리내 한번 울지도 않고
왜 벌컥 화 한번 내지도 않고
속으로 이만 앙다물고 살았을까.

별것도 아닌 세상,
별것도 아닌 일들인 것을,
죄 없는 이만 아프게 했구나.
그 핑계로 모두 뽑아버렸구나.
내 나이 오십줄에 벌써……

귀가

아직 떠나지 않았니?
그럼 내가 알아서 갈게
어차피 가야 할 곳인데
오지 않는다면
내가 가야 되지 않겠니

어떻게 가나, 묻지 않고도
눈감땡감으로 갈 수 있는 집
꿈속에서도 가는지 모르게
무의식으로도 갈 수 있는 집

아직 떠나지 않았니?
그럼 내가 알아서 갈게
네가 오지 않는다면……
어차피 가야 할 곳인데,
싸목싸목 가면 되지 않겠니

봄편지

안녕하십니까.
미황사입니다.
잘 계시지요?

동백이 많이 피었습니다.
매화도 피었고요.
문득 한번 내려오시지요.
……

봄의 幻

 부스스한 얼굴이다. 이제 막 긴 잠에서 깨어났다. 헝클어진 머리칼 새로 빈 까치집도 보인다. 설 쇠러 간 까치는 여태 돌아오지 않았다. 들에 울긋불긋 아롱거리는 것은 꽃이 아니다. 아니다, 꽃이다. 봄꽃! 이른 봄 들에 피는 사람꽃.
 아직 매화는 피지 않았다. 첫 달거리 맞은 가시내 젖꼭지 마냥 몽글몽글하다. 막 벙그러질 참이다. 지난 겨울 화단 모퉁이에서 내내 꽃대만 세우고 있던 상사화도 다시 생각을 들어올리는 중이다. 언덕바지에 가시내 몇 위태롭게 봄풀을 뜯고 있다. 갓 물을 올린 보리밭 이랑, 들판으로 번져나갈 기세다. 아직은 졸리운 이른 봄 들판.

봄날 저녁 무렵

닫은 창을 비집고 들려오던
아이들의 웃음소리가 멀어진다.
건듯 부는 바람에 꽃잎 날리고
해는 어느 틈 어스름빛이다.

몸은 일없으나 마음만 바빠
생각은 여전히 허공으로 맴돈다.

봄기운은 저녁에도 나른하다
창가에 하나 둘 등이 켜지면
똑똑똑 시멘트바닥을 울리며
돌아오는 발걸음 소리 잦아진다.

달마산

여기는 鳳이 날아왔던 자리. 상서로운 꽃이 피어 있네. 소에서 내려 꽃구경하네. 꽃향기가 너무 좋아 나를 태워온 소는 잠시 잊어버리려네. 걱정일랑 마시게. 소가 어디 갔는지 알고 있으니. 나도 그럴진대 소인들 어찌 저 드넓은 풀밭을 어슬렁거리고 싶지 않겠나. 풀을 뜯다가 햇빛 따가우면 한가로이 그늘에 앉아 반추하고 있을 것이네.

찾으러 나설 것도 없네. 나는 소가 있는 곳을 알고, 소는 내가 있는 곳을 아니. 더이상 길들이지 않아도 좋을 만큼 서로에게 잘 길들여져 있네. 그가 반추하는 동안 나는 봉이 날아온 자리, 갓 피어난 상서로운 꽃냄새나 맡고 있으려네.

백담사에서
— 鳳兮*無兮*

세상 온갖 것 가운데
가없이 보고 싶고
보고 싶어 그리웁고
그리워서 기다려지는 것이 있으니
그중 제일은
鳳이라는 새인데,
그 새가 펼치는 황금빛 세상인데

鳳兮無兮이라……
그 새가 온 바도, 오지 않은 바도,
그것을 아는 이도,
알지 못하는 이도 없는데
나 홀로 왔다 안 왔다 안다 모른다
허방다리만 짚고 있네

— 너는 아직도 허상만 좇아 사는구나!

꾸짖는다.

백담사 계곡 물 흐르는 소리

* 鳳수 : 시인의 네번째 시집 『먼지 속 이슬』에 실린 작품명.
* 無수 : 백담사에 있는 선원 이름.

매화꽃 전쟁

막 바다를 건너온 상륙군이 땅끝에 진을 치고 있다.
바다를 건널 때 이미 명령은 받았다.
머뭇거리지 말고 무차별 진격하라고.
정찰 보낸 척후들이 도처에서 우리를 기다리고 있을 것이다.
지난 겨울부터 동백군(冬栢軍)들이 곳곳에서 게릴라전을 펴
지칠 대로 지친 동장군이 본대를 이끌고 철수한 지 오래다.
이제 남은 건 본대를 놓친 낙오병뿐이다.
그러므로 밀어붙이기만 하면 된다.
아직 그들이 계획하는 최후의 일격이 남아 있다는 정보지만
대세를 그르칠 수는 없을 것이다.
따로 화망을 설치할 필요도 없다. 그냥 진군만 하면 된다.
가는 곳마다 불을 놓아라.
지나는 마을마다 샅샅이 꽃불을 놓아라.
주민들은 우리를 환영할 것이다.
의기양양한 우리를 맞으며 그들도 따라 양양해질 것이다.
산수유 개나리 진달래 제비꽃 선발상륙대 외에도
우리 매화군(梅花軍)의 뒤를 이어 속속 상륙하고 있다는

전갈이다.
 빨리 진격하자. 머뭇거릴 필요가 없다. 자, 진격 앞으로!

화산

 한라산 중산간 깊은 산속에는 아무도 모르는 작은 연못이 있습니다. 오랜 세월 분출하는 욕망을 삭이기 위해 차가운 물 뒤집어쓰고 속을 식히는 조그만 화산이 있습니다. 그 화산, 사람 같아, 기다릴 줄도 알고 스스로를 다스릴 줄도 알았습니다.

 그가 천년을 기다리는 것은, 아십니까? 서귀포 앞바다에 홀연히 떠오를 인어였습니다. 서투른 솜씨로 인어 한 마리 그려놓고 제가 그린 인어가 언젠가 떠오르리라, 믿으며 하염없이 기다리는 것이었습니다. 밤마다 인어가 부르는 청아한 노랫소리를 들으며……

 그러던 어느 날, 비로소 알았습니다. 오랜 세월 그가 기다린 것이 무엇인지를…… 햇살 찬란하던 이른 아침, 연못에 비치는 그림자 하나. 못가에 함초롬 피어난 푸른빛의 꽃 한 송이 보았습니다. 이름도 예쁜 아이리스 꽃 한 송이.

석류

앙다물어 피멍 맺힌 이빨도
속으로 숨기고 있으면 저처럼 예쁘네

철없이 흘리고 간 군침 자국들……

백담사 계곡

백모란 구름 한 송이
봉우리에 앉아 생각에 잠기다가
찔벅 희롱이나 할까
제풀에 심심해 안개비도 뿌린다

풀잎에 맺힌 이슬
청아한 소리 듣다가
물에 비친 제 모습에 취해
하염이 없다

물은 산을 비추고
하늘을 비추고 제 모습까지 비추는데
물속에 산이 있다 하늘이 있다
그러나 물은 깊이가 없다
산도 하늘도 높이가 없다
그윽한 눈길만 깊고 푸르다

홀연히 흩어지는 구름

모란꽃 하얗게 피는 시절

— 세상 참, 괜히 왔다 간다
바쁜 마음만 서성이는 백담사 계곡

사랑

그대가 곁에 있어 나는 굽이친다. 찰싹거리는 포말로, 때로는 하얀 이빨로, 그대를 할퀸다. 끝없는 사념의 불꽃으로 일렁이는 바다. 물이 물을 만나려고 아우라지 여울진다. 소리내 부서지는 포말. 보아라, 저 허위와 가식의 거품을. 만남이 저렇더라도 한순간 스러져버릴 포말에는 사로잡히지 말 일이다.

바다의 가슴에도 굽이치려는 마음은 있다. 여울과 여울이 피 터지는 싸움 끝에야 비로소 강을 이루듯, 사랑이여 너도 그와 같아라. 고요히 흐르면서 물은 산과 하늘을 비춘다. 하늘을 떠가는 구름, 구름이 지나간 자리, 이윽고 자신의 모습까지 비추는 물의 속내여. 맑기도 하다. 사랑이여, 너도 그와 같아라.

心詞 3

  헝클어진 마음의 갈피를 편다 풀 먹어 빳빳한 옥양목 긴 천을 이슬 내린 풀새밭에 널어 편다 밤새 별이 흘린 눈물 머금으면 올곧게 펴질 수 있을까
  마루 끝에서 다리미에 불을 피우는 할머니 부채 바람에 하얀 재가 날린다 타닥거리며 타오르는 숯불 이제 저 늙은 손끝에서 구겨진 마음이 펴질 것이다 하늘빛 돋아날 것이다.

산령(山嶺)*을 넘으며

 거기에 그런 고개가 있다는 것을 처음 알았다 바람 세차고 높은 그러나 수많은 사람들 이미 지나가 잘 닦여진 깊은 산속에서 빠져나가는 길이 거기에 있었다 한 고개만 넘으면 드넓은 바다로 나가는 깊은 산과 바다가 그렇듯 가까이 한 경계를 이루고 있다니……
 가파르게 살아온 삶에 무심했듯 지금 가쁜 숨을 몰아쉬며 넘는 고개 또한 무심하다 나는 지금껏 그러한 곳이 있다는 것도 모르고 살아왔다 고갯마루에 올라 가쁜 숨을 멈춘다 문득 돌아보면 이제는 아스라한 저편의 풍경들……

* 백봉령. 강원도 정선에서 동해시로 넘어가는 고개.

가을밤

마음도 이쯤 되면 서언할 것이다 깊을 것이다
향기도 없는 풀꽃 한 송이 한가로이 피워낼 것이다
밤하늘에 피어나는 별꽃들 더욱 초롱할 것이다

아무도 맞아주지 않는
시월 보름달, 저 홀로 불그스레 이울어갈 것이다
풀벌레 소리도 그친 적막의 시간,
건듯 부는 바람에 몸을 떠는 풀잎의 이슬

칸나꽃 질 무렵

 백목련 피었다 지고 개나리 지고 진달래 지고 철쭉 아카시아꽃도 지고 밤느정이* 냄새 징하던 날, 밤새 동구를 서성이던 여인도 가버린 세월아, 장마 한창이던 여름날 화단에 붉게 피어오르던 칸나, 그 불타는 꽃잎 떨어진 것을 보고서야 칸나의 계절이었음을 알았네. 그 계절도 다 가고 있었네.

 아는 것은 안다 하고, 모르는 것은 모른다 했네. 배고프면 밥을 먹고 잠이 오면 잠을 잤네. 그렇게 살아온 세월 속, 짐짓 아는 것도 모르는 척, 모르는 것도 아는 척하게 되는 것은 무엇에서 비롯하는가. 칸나, 그 붉은 꽃잎 다 떨어지고, 하늘 더욱 푸르러지면, 비로소 알게 될까. 깊어 푸른 것들은 사소한 것들에도 깃들어 있다니……

 친구여. 꽃이 피고 지는 일이 예 같음을 이제는 알겠네. 그리하여 마음속 쓸쓸함, 어찌하지 못해 가을비 내리는 창밖을 무심한 듯 서성일 것이니, 질퍽거리며 걸어온 길, 한 선인(先人)이 있어 말하네. 밤길에 흰 것을 밟지 마라, 물 아니면 돌일 것이니(夜行莫踏白 不水定是石)*…… 취한 뺨 위로 찬바람 빗방울 스쳐내리네.

* 밤느정이 : 밤꽃.
* 夜行莫踏白 不水定是石 : 경허 선사의 어록 중에서.

절름발이

그대를 기다렸네,
이미 늦은 줄 알지만.
날 부축해 갈 수 없냐고
전화를 했네.

그대는 끝내 오지 않고
추적추적 내리는 빗속을
절룩거리며
아픈 다리 끌고 가네.

정처 없는 길을 가네.
다시는 돌아오지 않을……

다리는 여전히 불편하지만
더이상 날 부축할 이,
이제 세상에 없을 것이니

봄꽃,

저 홀로 피었다 지듯
오직 나 혼자뿐!

진도行

가을 어스름 비 내리는 길을 가네
뜬금없이 길 나섰다가 산집을 가네
누가 오라지도 않은 산집
미끄런 억새덤불 비탈길 오르면
찔레꽃 하얀 꽃들 시름없이 지고
빨간 씨방만 대롱대롱 맺혀 있네
산집 지붕에 핀 보랏빛 쑥부쟁이
맹감넝쿨 맹감 땡감 꽃처럼 달렸네
— 빗속에 자네가 웬일인가

지난밤 인사도 못 하고 술 한잔 쳐올리지 못해
빗속에 올라 우두커니 서 바라보다 내려오는 산집
얼굴 보이시지도 않는데 뒤통수에 한 말씀 하시네
— 조심해 내려가소, 빗길에 미끄러지네

뜬금없는 산집 나들이
하얗게 센 억새, 찔레꽃 붉은 열매,
보랏빛 쑥부쟁이, 노랗게 익은 맹감

꽃이랑 줄기 꺾어 꽃다발 만드네

옻나무

남도(南道) 어디쯤 길을 가네
벼 이삭 노랗게 익어가는데
산빛 여전히 푸르른데
꽃단장하고 수줍게 숨어 있네

—조심해라, 옻 오를라

가까이해선 안 될 것들은
가시를 키우든 독을 품든 하네
다가설 수 없는 것들의 아름다움,
그 화려한 분장에 쉬이 빠지느니……

나는 가슴에 깊은 흔적을 하나 가지고 있네
뻗신 장미꽃 가시에 찔린, 혹은
멋모르고 다가가 어루만지다가 오른 옻자국

꽃도장

 그 가시내 지금 어디에 있을까 하학길 울긋불긋 코스모스 길 따라 코스모스처럼 웃으며 재잘대며 집으로 가던 가시내 빠알간 코스모스 꽃모가지 따 손가락 사이에 끼우곤 살금살금 다가가 새하얀 교복 등짝에 차알싹 꽃도장 찍으면 깜짝 놀라 화난 얼굴로 뒤돌아보며 초롱한 눈 이쁘게 흘기던 가시내 등에 찍힌 꽃도장 보며 달아나며…… 너는 이제 내 각시다 속으로 좋아라 어쩔 줄 몰라 흰 교복에 번질세라 등에 찍힌 꽃도장 털지도 못하고 꽃 같은 입으로 궁시렁 궁시렁 욕바가지 쏟아내다가 피식 웃어버리던 가시내 꽃 모양도 선명한 코스모스 꽃도장 등에 박고도 코스모스같이 웃던 가시내 지금은 어디에 있을까 한 번도 생각나지 않던 그 가시내 오늘 문득 코스모스길을 가다 생각이 나네

타클라마칸 사막을 지나며

끝없이
입 안에 서걱이던 모래 같은 말들이 쌓여
저처럼 산이 되고 강이 되고 늪이 되었구나

그 가운데로 또 큰바람 몰려간다
다시 입 안에 서걱이는 모래알 같은 말

말에 속지 말 일이다
글에 속지 말 일이다
신기루 같은 말에 취해 미끄러져
도처에 누워 있는 방부의 시체들

되돌아올 수 없는 죽음의 모래펄

산빛

산사람을 만나러 산에 갔다가
그는 만나지 못하고
계곡물에 비친 푸른 산 그림자만 보고 오네

그도 아마 저와 같으리

가을, 석남사

참 이쁘기도 하다.
분홍빛 팥배나무, 황초록 서어나무
연누렁 팽나무, 연초록 때죽나무
굴참나무 졸참나무 노각나무 단풍나무
알록달록 산벚, 늘 푸른 대나무
주렁주렁 주홍감, 산발머리 흰 억새
아직은 푸른 겨우살이풀……

산 능선 따라 하늘빛도 바뀌어가는데
건듯 부는 바람에 잎새들 소리없이 져 내리네.

비구니 고운 눈가에 잡힌 주름살 같은
골마다에 흐르는 맑은 물이여.
조신한 아씨같이 분단장했네. 가을, 석남사.

가을밤

물가에 앉은 마음
스산하다
솔가지 새로 달빛 비친다
계곡물에 낯 씻던 달
얼굴 들고
세상 한번 내려다본다
마음 한켠 맴도는 그림자
씻을수록 뚜렷해진다

건듯 부는 바람에
마음도 건듯 날린다
흘려버리지 못하는 마음
물가 바위에 걸려
소리 높다
풀벌레 소리
밤기운 더욱 서늘하다

얼음매미

저, 매미 소리
참 맑고 시원도 하다

솔바람 가득한 산에서 해를 나던
굼벵이
지난 겨울
살 에던 산바람 제 몸에 재어
꽁꽁 얼려놓았다가
되바라지지 않게 풀어놓고 있다

얼음매미
그 맑고 투명한 소리의 정체

대만란(臺灣蘭)

 전에는 무성하게 피더니 요즘은 마음을 접어가는지 점점 듬성거린다 늦은 밤 우연히 베란다에 나와 달빛 우두커니 담배를 피우다 난분(蘭盆)에 희뿌연 것이 보여 지난 제사 때 태우다 남은 지방(紙榜) 쪼가린가 싶어 다가가보니 이파리도 야리한 하얀 대만란 한 송이 피었다 지고 그 옆으로 또 한 송이 몽울져오르고 있다 언제 피었을까 몇 년째 꽃 하나 볼 수 없어 팍팍한 세상 저것도 이제 마음을 내지 못하는가보다 싶었는데…… 순전히 내 생각만이었을까 너 몰라도 난 이렇게 때가 되면 피고 진다는 듯 의젓하게 피어나고 있다

DNA

못 끊어
끊을 수 없어
끊는 즉시 사망이야
살아도 죽음이야

장마철 방구들 뒹굴다
손을 뻗으면, 거기 그대 있어
불현듯 그 짓이나 하고 싶어라
심심풀이 심심초
생각 사(思)라 사념초(思念草)
깊이 들이마신 연기처럼
생각도 깊어 푸르러라

칼칼한 소리
잔소리인 양 흘려버리다가도
싱긋 웃으며 다가서고 싶은 그대
진폐에 숨 헐떡이듯
가슴 깊이 그대 물기에 젖어

그 속, 나, 헤어나지 못하네

달빛

호수에
달빛 내린다

잔잔함에 지쳐
몸 뒤척인다
일어나는 파문

달빛
살포시 물결 탄다
흥에 겨워
제비도 넘는다

바람이 인다
출렁이는
은빛 그림자

은비늘
반짝이는 밤

부서지며
반사하는 빛

밤길을 걷다

이젠 하늘을 보지 않겠다 파란 하늘 둥둥 떠가는 흰 구름 밤하늘에 반짝이는 별 더이상은 이런 것들 보지는 않겠다 마음에 새겨져 있으므로 상처처럼 깊이 박혀 있으므로…… 이제는 땅만 보고 걷겠다 별만 보며 걷다가 굴헝에 빠져 허우적거리는 사람이고 싶지 않다 즌데를 디디다 튀는 구정물 때문이 아니라 그 동안 너무 많이 넘어져 허우적거렸으므로 이제 또 넘어지면 다시 일어날 힘이 있을 것 같지 않으므로…… 서언한 밤 달그림자 저만치 앞서 간다

달의 계곡

코발트빛 광선이 내리꽂히는
계곡 사이로
눈에 붉은 불을 켠 짐승들이
그르렁거리며 질주한다
벼랑 사이사이 층층다리 헐거
조심조심 켜지는 불빛
어디선가 애절한 울음소리 들린다
누가 입을 막는지 끊겼다 이어진다

차갑게 비치는 푸른 달빛 아래로
상처 난 짐승들 몇 기어나와
사방을 두리번거리다 사라진다

사악(邪惡)처럼 하늘을 뒤덮은
누런 모랫바람, 사이로
코발트빛 섬광 내리꽂힌다, 달의 계곡

도비도*

島非島

섬 아닌 섬
해안 가까이 꿈처럼 떠 있던
뭍이 되는 꿈만 꾸다가
마침내 뭍이 되어 버려진
바닷새 더이상 날아오지 않는
뱃사람도 배를 두고 떠나버린

꿈이란 실현하기 위해
얼마나 큰 대가를 치러야 하는지

여기저기 찢겨
속살 허옇게 드러낸
바람에 날리던 해당화 꽃길 사라진……
청량한 파도소리 대신
갈매기 울음소리 대신
술 취한 사람들의 싸움질 소리

귀를 찢는 음악소리만 요란한

이제 쓰레기만 쌓여가는
꿈꾸는 자들만 이따금 찾아와
해당화 꽃길 가늠하는
추억 속 이름만 남아 있는
섬 아닌 섬

島非島

---

* 도비도(搗飛島), 충남 당진군에 위치한 섬. 간척으로 육지가 되었다.

꽃샘

저 이쁜 시악시
먼 일이다냐
어쩨 저리 심술이래여
얼굴값 허는개벼
참 쌀쌀맞게도 구네
저 토라진 맘
으찌 달래야 쓰까

어서리 없이* 움츠리다가
괴춤에 손 넣고 쪼물락거리니
잔뜩 오그라들어 있던 놈
손맛 보았는지
봄싹 오르듯 불끈 고개 쳐드네

잔설(殘雪) 속 애기동백
빠알갛게 얼굴 다네

* 계면쩍어하는 모양을 나타내는 전라도 사투리.

애기동백

한겨울 눈 속에 빨갛게 꽃잎 연다
신랑 왔다는 소리에
방문 빼꼼 열고 보는 애기신부같이

꽃받침 하얀 솜털 송송히 보드랍다
초롱한 눈망울에 붉은 송이 꽃송이

적막한 귀가

〔매너모드〕 3월 10일 월요일 오후 열시 삼십팔분 오늘 하루 아무 일도 없었다 아무도 날 찾지 않았다 자동차 소리에 행여 들리지 않을까 진동으로 해놓고 온종일 들고 다니면서 혹 손떨림을 느끼지 못했을지 몰라 가끔씩 들여다보았지만 〔부재중 전화〕 표시는 없었다 누구도 전화하지 않은 거다 아무도 날 찾지 않은 것이다 어디예요 언제 들어올 거예요 하다못해 그런 전화마저도 없었다

젊은 날 배낭 하나 달랑 메고 돌아다닐 때 버스에서 만난 한 여자가 물었다 혼자 다니면 외롭지 않아요? 잘 모르겠는데요 혼자 다니면 왜 외로울 거라고 생각할까…… 혼자는 외로운 것일까…… 나는 늘 혼자였는데…… 그래도 외롭다는 생각은 한 적도 없는데…… 그런데 오늘 문득 한 생각 떠오른다…… 이제는 가도 되겠다…… 조용히 돌아가도 되겠다 싶다…… 누구도 귀찮게 하지 않고 슬그머니 가기 참 좋은 때인 것 같다……는……

……

오늘은 참 별이 유난히 많이 떠 있다

마음의 폐허 5
―타클라마칸 사막에서

　비가 내린다 미친 바람이 불고 하늘이 온통 캄캄해지더니 홍수처럼 비가 퍼붓는다 그러나 연간 강수량 십 밀리미터 이 광막한 모래펄에 삼십 밀리미터면 어떻고 오십 밀리미터면 어떠리 어디 흔적이나 남을까보냐 날이 개면 이글거리는 태양빛에 다시 타들어갈 것을 이 땅은 오랜 세월 아무것도 기른 적 없으니…… 꽃이여 필 곳에 가서 피어라 또다시 바람이 불면 너에게 날아가 흔적을 남길 것이니 꽃이여 피기 좋은 곳에 가 피어라 이 가슴엔 더이상 오아시스가 없으니 말라버린 지 너무 오래됐으니……

마음의 폐허 6

어디에도 울기 좋은 곳*은 없더라
막막하게 펼쳐진 지평선 끝에서
말잡이 종놈 백탑현신*을 아뢰어도
그곳이 꼭 울기 좋은 곳은 아니더라

지상 어디에도 그런 곳은 없더라
꽃상여 떠나고 홀로 남아 있는 집
비바람에 나뭇잎 소란스럽게 쏠려
울음소리도, 우는 모습도 들키지 않을
깊은 산도 꼭 그런 곳은 아니더라

먼산바라기나 하는
텅 빈 가슴만 이따금씩 보이더라

---

* 박지원의 『열하일기』 중 「호곡장론 好哭場論」 참조.
* 白塔顯身, 같은 곳 참조.

미황사

달마산 산주인은 부리부리하다
벽만 보고 앉았다 눈이 커졌다
포리똥 익어가는 시절
눈 큰 노장 오랜만에 마당에 나와
산 넘어가는 건들바람 불러 포리똥나무 놀린다
포리좆만아! 포리좆만아!
성난 포리똥나무 얼굴 붉히면
그중 제일 잘 익은 놈 골라 냴름 입에 넣고 시침을 뗀다
달마산 애기동백 제 모가지
떨어지는 줄도 모르고 배를 잡는다

땅 위에 꽃피 낭자하다
봄까치꽃 주단을 깐 미황사
청매 홍매 다 졌는데
시절 모르고 피어 있다 애기동백

물끄러미

　바닥에 엎어져 있었네 배와 배 사이 미끈거림 먼 기억의 바닷물처럼 부드러웠네 물결 출렁일 때마다 따라 출렁거리다가 이따금씩 요동을 치면 강그러지곤 했네 삐그덕 우현과 좌현이 뒤틀리고 쿵쾅! 이물과 고물이 방아를 찧었네 돛대에 갈매기 날아와 앉아 그 모습 물끄러미 바라보고 있었네 먼 바다로 나아갈수록 요동 더욱 심했네 키를 움켜쥔 이마에 땀방울 송알송알 흥건하였네 폭풍이 지나간 아침이면 온몸의 힘 다 빠져 바닥에 벌렁 드러누웠네 햇볕 때문이었을까 하늘에 노란 별 날아다녔네 구름 위에 둥실 떠 있는 것 같았네

거시기

너도 몰라 나도 몰라 귀신도 몰라
거시기가 머시냐 묻지들 마쇼
거시기는 머시냐 그냥 거시기잉께
그래도 거시기…… 아는 사람은 알지

옛날 한 옛날 칠삭둥이 늙다리 총각 머시기란 놈 꼬부랑 깽깽 늙은 에미와 살고 있었네 하루는 어느 벌건 대낮 머시기란 놈 측간에서 시원하게 거시기 허는디 머시냐 거시기가 살금 다가와 머시기란 놈 거시기를 잡고 늘어졌다네 머시기란 놈 오~매! 나 죽네 숨넘어가며 바짓가랑이도 못 올리고 시커먼 거시기 덜렁거리며 거시기! 거시기! 거시기만 외치며 뛰쳐나오다 제 바짓가랑이에 걸려 넘어져 코가 깨졌다는 데…… 그날부터 머시기란 놈 시름시름 앓아눕더니 식은땀을 흘리며 거시기 거시기만 부르다 가버렸다네 머시기란 놈 그렇게 가자 늙은 에미 마른 눈물 흘리며 아이고 이놈아 분하고 원통혀 으째야 쓰꺼나! 거시기나 허고 가야지 거시기도 없이 가버리면 나는 워찌 살라고…… 땅을 치며 울었다는 데……

동네 장정들 늙은 머시기네 에미 달래며 엄니 인자 그만 허쇼 거시기 어쪄겄소 그런다고 살어돌아올 놈도 아닝게라우 거시기 머시냐 그만 허시고 쫌 들어가 쉬쇼잉 썩을 놈 그놈의 거시기가 머시간디 늙은 지 에미 두고 먼저 간당가 아무리 애둘러도 모를 소리 저들만 알아들으며 말끝마다 거시기 거시기 거시기 허네 지나던 바람 그 소리 온 사방으로 실어가 그후로 어디서든 거시기 거시기…… 거시기 허네

비 오는 날

 그의 목소리는 작다 싸우는 법이 없어 목울대도 세우지 않는다 노래할 때만 목소리가 우렁찬데 그는 요즘 노래도 하지 않는다 전에는 대낮부터 혼자 노래방에 가 목청껏 소리를 질렀지만 요새는 그것조차 시들해졌다

 그의 목소리는 낮다 비 오는 날이면 더욱 낮게 깔린다 바람에 흔들리는 나무나 봄날 보슬비처럼 화단의 작은 풀꽃과 속삭이듯 낮은 소리로만 웅얼거린다 오랫동안 꾹 참아왔던 무엇이 그의 목젖을 아주 낮게 낮게 떨게 하는 것이다

치자꽃 피는 밤

 늦여름 매미* 한 마리 시원하게 울고 간 다음 사과밭에는 사과가 뚝뚝 떨어져 쌓였다 윗마을 조씨는 매미가 울기 시작하자 그놈 잡는다고 온종일 소리를 쫓아다니다 저녁 무렵에야 잔뜩 불콰해진 얼굴로 돌아와 무논밭 나락처럼 쓰러졌다

 물의 힘으로 꽃을 피운다는 치자나무 휘몰아치는 바람에도 아랑곳없이 하얀 꽃잎 마구 피워올리더니…… 소주병 뒹구는 건넌방 여자 게슴츠레한 눈으로 안방 총각 훔쳐보고 있다 냄새인 듯 향기인 듯 코끝 맴도는 페로몬香 가득 떠다니는 밤

* 2006년에 발생한 제18호 태풍 매미.

인생아!

 많이들 바쁜가본디 어서 싸게들 가보쇼 나는 그냥저냥 가는 둥 마는 둥 갈라요 장다리밭에 노닐며 장다리꽃 따먹다 아지랑이 어질어질 나비 따라 가다가 뒷동산에 올라 삐비도 뽑아먹고 송홧가루 얼굴에 분칠도 하고 아카시아 훑어먹다 들에 내려 자운영 다북숲 논두렁에 앉아 꼴린 보릿대 꺾어 보리피리 만들어 삘리리 불며 놀다 갈라요 그렇게 노닐다 싸목싸목 갈 텡게 빨리 오라 늦게 온다 궁시렁들 마쇼 이리 가도 결국은 가는 길인디 머 헐라고 그리 바쁘게 종종거린다요 그래도 먼저 가신 곳 북적거리거든 내 자리도 하나 봐줬으면 쓰겄소(ㅎㅎㅎ^^)

꽃상여 단풍든 산 넘어가네
산 너머 눈 쌓인 산마을에 닿거든
지친 몸 거기 퍼지게 누웠다가
한 바람 눈발에 어디든 휘날리리

마음의 폐허
―타클라마칸 사막에서

먼 곳입니다
서쪽으로 수천 리 그러고도 멀리
마침내 지평선이 닿아 있는 곳입니다
길을 찾아 길을 내고 길을 따라서만
겨우 찾아갈 수 있는 곳입니다
폐허 그 자체입니다
모든 것이 무너지고 멈춰버린
이제는 아무것도 존재하지 않는……

먼 길을 떠나왔습니다
집을 떠나 사람을 떠나 사치한
사랑도 떠나
그런 것을 그리워하던 마음으로부터도
떠나왔습니다 삭막한 땅
다시는 돌아올 수 없는 사막입니다
스스로 떠나와 간신히 찾아온……

바람밖에는 없습니다

바람만 오로지 스스로의 풍경을 만듭니다

지평선 너머로
붉은 해가 떨어집니다
어둠이 오고 땅이 얼어붙고
땅이 스스로의 고통으로
밤새 소리치는 곳
겨우 찾아온 곳의 풍경입니다
어둠과 바람만이 존재하는
마음속 풍경입니다

모래언덕 너머 펼쳐진 오아시스
낙타 한 마리 낙타풀 씹으며 꾸벅꾸벅 조는
한가로운 고독과 한가로운 죽음이
서로의 한가함에 지쳐 잠드는 곳
나의 한가함도 함께 지쳐
외로움에 떨고 있습니다

마음속에 푸른
물이거나 숲을 그려봅니다

진도 북춤

참 구성지기도 허네
다 디져가던 영감
어디서 저런 힘이 난다냐
펄펄 나네
참 가뿐허기도 허네
—덩덕 덩더쿵 덩더덩더 덩더쿵

저거시 머시여
저거시 나비여 사람이여
저 뻐치는 것 좀 보소
썽난 것도 아니고
썽 안 난 것도 아닌 거시
저거시 참말로 머시랑가
—덩덕 덩더쿵 덩더덩더 덩더쿵

오매 나 죽소
미쳐버리겠당게
날라리까장 저놈의 날라리까장

왜 저리 뻐친대여
참말로 환장허겄네
호매~ 나 싸요 싸아~
하이고…… 오매오매오매
―덩덕 덩더쿵 덩더덩더 덩더쿵
 쿵덕 쿵더쿵 쿵더쿵더 쿵더쿵……

 아따 인자 쫌 팡기요 잘 놀았소 인자 가야 쓰겄소 붙들지들 마쇼 자꾸 붙들어싸면 구천 떠도는 구신 된당게라우 인자 대충 허고 갈랑게(어~노 어~어~노~야 어나리 엉~차 어~어~허) 잘 놀다 가요 참말로 고맙소 이리 허벌나게 혀줘서 뭐라 헐 말이 없소 잘들 계시쇼 잘들 사시게라우 먼저 가요(어~노 어~어~노~야 어나리 엉~차 어~어~허이~ 어~노……)

그 웃음

 그처럼 노기등등한 모습 본 적이 없다 언제나 인자하시기만 한 할머니였다 그런 할머니가 설마하니 하나밖에 없는 '금쪽같은 새끼'였던 내게 그렇게까지 화를 내시다니⋯⋯ 할머니가 그러신 적은 단 한 번도 없었다

 헤이! 초콜렛 추잉껌 냠냠? 땡큐! 읍내를 오가는 미군 쓰리코타 뒤를 동무들과 쫓아가면 뭐가 그리 재미있는지 포복할 듯 웃으며 손가락질로 던져주는 껌이나 초콜릿을 주워들고 의기양양 집으로 돌아온 날 할머니는 무섭게 화를 내셨다 "니가 사람 새끼냐 강아지 새끼냐 동냥아치같이 길바닥에 던져주는 것을 줏어 먹고 좋아하다니⋯⋯ 그놈들 웃는 낯바닥 보이지도 않데? 아무리 어린것들이라지만 저렇게 속창아리들이 없어서야⋯⋯ 쯧쯧" 할머니 야단에 시무룩해하면서도 나는 초콜릿의 단맛에 취해 있었다 그랬다 어린 마음에 혼나는 것만 섭섭해했다 밥 먹을 때나 잠을 잘 때 바람벽에 붙여 놓았던 껌을 떼 다시 씹을 때마다 입 안에서 쯧쯧 하는 소리가 나는 것 같았다

그런데 그때 그 모습 다시 보았다 텔레비전에서였다 짐짝처럼 포로들을 쌓아놓고 찍은 기념사진 속이었다 할머니가 말하던 그 웃는 낯바닥이었다 그대로였다 하나도 변하지 않고 그대로였다 그렇게 많은 시간이 흘렀는데도 그때 그대로였다

좆도

 술 한잔 걸치고 좆도! 라고 하면 그 사람 가슴에 뭔가 맺힌 게 있다는 뜻이지요 그러다가 코 헐렁하게 콧심 뿜어가며 이 씨발놈아! 를 덧붙이면 이제 대충 마음 한구석에 맺힌 응어리를 풀고 속에 담았던 것을 편허게 풀어내자는 뜻이고요 근데 말입니다요(커뮤니케이션 문제인지 문화차이인지는 몰라도) 좆도, 이 씨발놈아! 라고 허면 오히려 더 기분 나뻐허며 화부터 내는 놈들이 쌨더란 말입니다 그러다봉께 상황이 그쯤 이르면 입, 딱 봉해뻐리는 것이 낫겄습디다 묵언수행허는 셈 치고 입 봉허고 사는 것이 편컸드라 그 말이어라우······ 호상간······을 위해서 말입니다요······ 에이, 정말, 좆도!

포도시*

머리가 희끗……해지기 시작헝게로 머시 쫌 보일똥 말똥 허등만요 눈은 자꾸 침침해가는디 인제사 가슴 어디께쯤이 훤언해지는 듯싶더랑게라우 그러다봉께 인자 봄가를 몇 번만 더 지나가면 침침허던 것들이 훤히 보일 것 같다는 생각이 들덩만이라우 귀가 쪼끔 뚫리고 눈이 밝아지기 시작헝게로 전에는 들리지 않던 것들이 들리기 시작허고 보이지 않던 것들이 보이기 시작허는 거시 포도시 이만큼 왔구나 싶더랑게라우 그게 무슨 소리고 어떤 모냥인지 인자 쪼끔씩 헤아려지더란 말이어라우 그 동안 능청으로 들리지도 않던 것들을 듣는 척허고 보이지도 않던 것들을 보는 척했던 세월 아니었습디여…… 우습지라우 생각혀보면 참말로 웃기는 일이었구만이라우 그렇게 이쯤 되면 인자 나불대던 입도 대충 봉허고 그냥 보고만 있는 거시 싸겄드라…… 그런 생각이 들등만이라우 지가 머 쬐끔 본 것 갖고 입 싸게 나불댈 거시 아니라 그윽허게 바라만 보는 거시 좋겄드란 말이어라우…… 인제사 포도시 보일똥 말똥 허는 세월인디……

* '겨우'의 전라도 사투리.

옥녀봉*

아가! 애비를 용서허그라

해필이면 왜 그날이었다냐 비 오는 칠석날이면 밤새 산등성 헤매며 가시에 찔린 몸뚱아리 비로 흠뻑 멱 감던 날 애비는 하늘을 보았어야 어둠 속에서 하늘을 보았어야 먹장구름 사이로 이따금씩 비치는 별빛을 보았어야 그 빛 언뜻 니 에미 눈빛 같았어야 빛 속에 설핏 니 에미 얼굴을 보았어야 니 에미 눈빛인 양 그리웠어야 그러다 애비는 눈이 뒤집혀버렸어야

아가! 모르쟈? 니 에미가 얼매나 이뻤는지

온 마을 총각들 니 에미만 보면 입에 침 흐르는 것도 모르고 넋이 다 안 빠져버렸냐 그 꽃 같은 시절 어느 칠석날 밤 애비는 니 에미랑 눈이 맞아버렸어야 에미랑 애비는 꼼짝달싹 못허고…… 그러다 동네 총각 처녀들 시샘 속에 널 낳았어야

근데 아가, 누구 시샘 때문이었을거나

널 낳자마자 하늘이 니 에미를 데려가뿌렸어야 어쩔거나 동냥젖으로 널 키웠더니…… 웬 업이라냐 꽃처녀로 커가는

모습이 꼭 니 에미를 닮아 애비는 밤마다 니 에미가 그리웠어
야 참말로 웬수 같은 세월이었지야…… 술만 처먹으면 내가
안 미쳐버렸냐

  아가! 전생에 내가 죄를 너무 많이 지었는갑다
  해필이면 왜 그날이었으까 술에 취해 인사불성이던 날 왜
해필 비는 와 애비는 또 발정난 수캐처럼 지랄을 떨었으꺼나
너는 또 왜 애비 보고 소울음 울며 바위산을 오르라고 했냐
말이다 왜 내가 짐승 같아 보였을꺼나 애비는 니 에미가 그리
웠을 뿐인데…… 니 에미 살냄새가 그리웠을 뿐인데……

  아가, 내가 즘생이었구나……
  눈멀어 음머음머 소울음 울며 바위산을 올라 널 꽃처럼 지
게 만든 애비가 즘생이 아니고 머시겠냐 겁의 생이 지난들 이
업을 어찌 풀거나 아가! 내 딸 옥녀야

* 사랑도 옥녀봉에 얽힌 전설.

적막

한차례 폭풍이 치고 간 후
고요가 집 안에 가득 깔렸다
휴전도 정전도 아닌 요 며칠 사이
미묘한 기류에 온몸이 간지럽다

징조일까
부엌 쪽 창 너머 풍경은
단풍이 한창인데 요즘은
은행나무마저 고요하다 평소 같으면
저것 좀 봐요 은행잎이 너무 예뻐요
부산한 소리에 화답하듯
노랗게 물든
한 잎쯤 빙그르르 떨궈줄 법도 한데
낌새를 챘는지 은행나무도
며칠째 우울하다 고요하다

가을이 깊어가는 모양이다

고혹

 이젠 아주 잊어버렸겠다고 생각했다 하지만 아직도 넌 긴 그림자를 드리우고 있다 네 이름이 뭣이든 상관없다 정체는 알고 있다 아무리 멀어져가도 길게 늘어진 너의 그림자 밟힌다 발걸음 소리에 화들짝 놀란다 둥그렇게 뜬 눈망울에 비친다 별빛 눈빛 꽃빛 사랑빛……

 태연자약하다 하지만 안다 잊겠다는 말은 잊지 못하고 있다는 말이다 그리하여 좀 건조해지면 좋으련만 가슴 쩍쩍 갈라질 만큼 그랬으면 좋으련만 아직도 눅눅하다 질척거린다 그림자마다 진창이다 상처다 이젠 하나도 아프지 않은…… 꾸욱 밟으면 한없이 빠지는 늪 같은……

바람이 사는 집
— 책장

 오랫동안 마주하지 않았다 고만고만 키재기 우스운 이야기들 생각들이 가지런하다 요즘은 왜 뜸하냐고 묻지도 않는다 가보고 싶거나 듣고 싶은 이야기 있으면 언제든 보여주고 들려주겠다는 듯 내려다보지만 선뜻 다가가지 못하는 날들 점점 많다 청량한 바람 불어올 듯한 대숲이 보인다 밭은기침 소리도 들린다 저기 누군가 토해놓은 핏자국도 갈피갈피 찍혀 있으리 망연한 하늘로 황사바람도 불어가리 모래펄을 걷던 날들 떠오른다 천 길 낭떠러지 철벽 같은 계곡에서 마주하는 것들은 쓸쓸하다 고여 있는 바람에서는 냄새가 난다 창밖으로 흙냄새 물냄새 꽃냄새 머금은 바람 불어간다

존재의 이름

 정의가 몸을 추스르고 일어나는 순간 정의는 온데간데없다 평등이 손을 들고 나서는 순간 평등은 사라지고 없어라 공정이여 너는 어디에 있는가 대답 대신 맹한 바람만 휘몰아친다 사랑을 사칭하는 사람아 매미는 날아가고 빈 껍질만 고목에 달라붙어 있다

 술에 취하면 그래도 정의는 살아 있다고 말하지만 추상 속에서야 존재하지 않는 것 뭐 있으랴 문자로나 소리로나 존재하는 이름일 뿐

 가을이면 은행잎 노랗게 물들고 겨울이면 하얀 눈 온 산을 덮는다 두꺼운 흙을 밀고 올라오는 새싹 여름이면 뜨거운 양철지붕을 식히며 우두둑 소낙비 내리는데…… 믿어야 하리 이 행성 사라져버리는 그날까지는 적어도……

집

 무엇을 찾으려 사막을 헤맸나 실크로드 여행기와 몇 편 안 되는 기행시를 읽었다는 한 친구가 말했다 감동했다며…… 아마 그의 입술이 조금 말랐나보다 생각하며 고맙다는 인사를 했지만 무엇이 고마운지 감이 잡히지 않았다(이게 참 문제다 그렇다면 그런 줄 알면 될 일을……) 천년도 전에 이미 폐허가 돼버린 황량한 모래바람만 불어오는 유적지를 왜 헤매고 다녔는지도 모른 채 그냥 헤매기만 한 답답함이 지금도 발아래 밟히는 서걱이는 모래알 같을 뿐이다

 정말 감동적인 일이었을까 그것이 감동이라면 문득 홍대 앞 북적이는 공원길을 일없이 헤매는 발길도 감동적이어야 되지 않겠는가 사막의 길을 걸어 삶의 막막한 거리를 지나 당도한다 집 창으로 따스한 불빛 새나온다

하늘연꽃

보이지 않는데 바람은
소리로 제 모습을 보인다
보이지 않는데 바람은
나뭇잎 날려 제 모습 드러낸다

산마루 걸친 굼뜬
구름 걷혀가는 사이로 비치는
하늘연못
맑은 물 위로 고개 내민
연꽃, 몇 송이
벙글어진 흰 속
보일 듯 말 듯

散骨을 하며
―어머님께

오늘따라 하늘이 너무 맑습니다
산색 더욱 푸르러 여름입니다
당신은 저에게 집을 한 채 지어주셨으나 저는 당신에게 山집 한 채 지어드리지도 못합니다
너무 오래 한곳에 머물러 고단하고 싫증이 났을 터이므로 저는 당신을 휘이휘이 풀어드립니다

더러는 바람과 함께 멀리 날아가십시오
더러는 주린 날짐승의 먹이가 되었다가 먼 땅에 다시 태어나십시오
더러는 빗물에 씻겨가 물색 산천어와 노니십시오
더러는 나무와 풀도 기르십시오
그리고 더러는 꽃으로 피어 가을날 저희들 찾아오는 길 따라 손을 흔들어주십시오
당신은 꽃을 많이 기르고 싶다 하셨지요

매양 그러하지만 또 눈물납니다
이제 이 세상이 모두 당신 집이지만 당신은 어디에도 안

계십니다
 어디에도 남아 있지 마십시오
 그리움 속에도 그리워하는 마음속에도 부디 계시지 마십시오

당혹

이게 내가 잡아보던 손이라니
이게 내가 만지던 젖무덤이라니
이게 하얀 국화꽃에 싸여 모란같이 웃으시던 모습이시라니

　세의야 세연아 평소 유언처럼 얘기해오던 내 말에 내가 이토록 당혹스러워하는구나 이제 바람에 날려버릴 한줌 가루에 그 많은 추억들이 담겨 있었다니……

이게 너희들이 잡아보던 아빠 손이라니
이게 너희들이 안겼던 아빠의 가슴이라니
이게 너희들이 꽃입술로 뽀뽀하던 아빠의 뺨이라니

듯

물에 물 탄 듯
술에 술 탄 듯
스미고 섞이어
흔적조차 없는

그대 깊은 산
흰 눈에 덮힌
한 그루 長松인 듯

수아다카

사십 도가 넘는 불볕 내리쬐는 아나우 언덕*
드넓은 평원으로 목화밭 수박밭이 펼쳐져 있다
흙을 파헤치면 기원전 사람들의 잘 구운 채색
토기 파편들이 재주를 뽐내듯 반짝인다
다 부서지고 깨어져 흙이 되어버린 언덕 위로
시간도 사라져버린 햇빛만 쨍쨍 내리쬐는데
꺼멓게 탄 소년, 한 배 가득 수박 한 덩이 안고
힘들게 언덕을 올라온다 소년의 엄마인 듯
빛바래 낡은 통옷을 걸친 여인도 뒤따라온다
황성 옛터, 세월도 함께 잘게잘게 부서져
흙바람에 날아가는 아나우 언덕
파헤쳐진 흙구덩들 찍으며 못 본 척하는데
가이드의 설명도 그치고 사진 찍기도 그칠 무렵
그때까지 수박 한 덩이 힘들게 배에 안고
기다리던 소년, 가이드에게
선물이라며 땅에 내려놓고 언덕을 내려간다
멀리 원두막에서부터 힘들게 언덕을 올라오는 모습을 보며
사줄 수밖에 없는 수박이라 생각해 값을 셈하는

머릿속으로 일순 시원한 한 바람 회오리친다
언덕을 내려와 근처 나무그늘에서 수박을 쪼개니
흥부네 박에서 나온 금은보화보다 더 귀한
그들의 다디단 마음이 철철 넘친다 수아다카*!

저 멀리 원두막 소년의 아버지는 수박 서리를 지키는 게 아니라 땡볕에 아나우 언덕을 찾는 사람 어디 없나 그들에게 시원한 수박 한 덩이 선물하기 위해 그렇게 하염없이 앉아 기다리고 있었나보다

---

* 아나우 언덕 : 중앙아시아 투르크메니스탄의 수도 아슈하밧 동쪽 이십여 킬로미터 지점에 위치해 있다. 기원전 5000년경 선사시대의 채색토기 등 초기 농경문화의 실증을 보여주는 유적지로 14세기 몽골의 침략과 1948년 대지진으로 완전 폐허가 된 실크로드 요충지 가운데 한 곳이다.
* 수아다카 : '성지를 찾은 사람들에게 조건 없이 베푸는 행위'라는 뜻의 이슬람 말로, 헌신이나 기부를 뜻한다.

도시에서 사는 법

　이른 아침 아파트 단지 벤치에 앉아 있으면 담벼락 밖으로 사아악~ 싸악 파도소리처럼 차 지나가는 소리 들린다 포말은 터져 허공으로 사라진 지 오래 어디서 산비둘기 우는 소리도 들린다 아침마다 벤치에 나와 담배 피워물 시간이면 아침 인사 하듯 울어댄다(인사 소리가 슬프다)
　단지 앞 도로 전신줄에 이름 모를 새 한 마리 앉아 있다 지난해 까치가 틀어놓은 둥지를 빌려 새끼를 치고 있는 것일까 둥지 쪽을 보며 기지개를 켜기도 하고 날갯짓하며 가끔 나와 눈도 맞춘다 이제 아무렇지도 않다 새삼 놀랄 일도 없다는 듯 그렇다
　도시로 몰려오는 사람들에게 내준 터전 이제 낯선 풍경이 돼버렸는데도 아직 그 땅에 뭔가 끌어당기는 힘이 있기라도 하다는 듯 떠나지 못하고 저렇게 살고 있다 날이 밝아올수록 밀려오고 밀려가는 파도소리는 더욱 격렬해지는데……

메르브*

  팔 하나 주면 안 잡아먹는다는 말에 속아 통째로 잡아먹혔듯 '성문을 열어주면 모두 살려주겠다'는 말에 속아 마음놓고 성문을 열어줬다가 모조리 죽임을 당한 성안 사람들. 이십만여 명의 젊은이 늙은이 남자 여자 아이들의 그 애처로운 눈빛 빤히 보면서 가슴에 칼을 꽂은 제국의 군인들 다 어디 갔나. 히로시마의 '리틀보이'도 십만여 명을 죽이는 데 많은 시간이 걸렸다는데 단 육 일 만에 이십만의 목숨을 앗아간 그 미친 눈들, 미친 말발굽 흙먼지는 다 어디로 갔나. 세월은, 숫자는 다만 헤아리기 위해 존재하는 것인가. 오늘 또 흙먼지 이는 폐허를 보기 위해 찾아오는 발걸음, 숫자만 보태네.

* 페르시아와 중앙아시아를 잇는 중계지점의 오아시스 도시.

서래봉 가는 길

잘 닦인 길
그 길 향하는 곳
도회다
막막한 길
갈 바 모르겠다

산을 뚫고
바위를 뚫고
강도 바다도
건너지만
너무 멀다
먼 길
서래봉 가는…… 길

집이 없으니
숨을 곳 없다
산과 들이 모두 집이다
벌 나비 날고

아침마다 이슬 맺고
매일 또 스러지는 집

다시 짓는다

위태로운 봄

아지랑이 아질아질 피어오른다
나비처럼 팔랑팔랑 날아오른다
서래봉 가는 길은 아지랑이 길
아지랑이에 가려 어질어질하다

봄날 아지랑이 길 고요도 하다
고요하고 고요해 위험도 하다
고요 속에 위험이 숨어 있다니
더이상 고요 아니다 불안이다

새벽별

먼 산 위에 새벽별 빛난다
禪 하듯 늘어선 나무들 사이
겨울 새벽달이 차갑게 비친다
눈에 반사하는 하늘빛 푸르다
새벽별들 아무 일 없다는 듯
반짝반짝 초롱한 눈 깜빡인다
찬 공기 가라앉은 마음속으로
고요하고 고요한 바람이 인다

꽃자줏빛

생각이나 날까
너처럼
아마도 그럴 거야
나처럼
손을 뻗으면
잡힐 것 같아
잡으려면 그러나
아득한 시간

그 아이 입술은 꽃자줏빛
삐죽이면 떨어질 것 같던 꽃잎
그 아이는 꽃자줏빛 입술
서쪽 하늘 붉게 물들이던

그 빛깔
딱 한 번
번진 적 있다
아득하다

그날 그 언덕
노을로 번진
어여쁜 빛깔
꽃자줏빛

겨울 주왕산

서슬 푸른 恨이 녹아 계곡물에 흰 눈 비친다 우유통을 쏟아놓은 듯 젖빛으로 고인 눈 그림자 어미 잃은 아기수달 핥다 간 흔적 눈 사진으로 어지럽게 찍혔다 생강 서어 왕벚 다릅 굴참 졸참 망개 왕팽 팥배 쪽동백 까치박달 새벽 산길 허리에 이름표를 단 나무들 사이로 누가 벌써 오른 듯 움푹움푹 발자국 산 넘어갔다 산등에 비스듬히 걸린 달이 밤새워 하현으로 기우는 겨울 주왕산 하늘 눈동자인 듯 별 더욱 총총하다 새벽 공기 차가워 바람이 인다

공명(共鳴)

나뭇잎 날리는 걸 보고 그는
제 마음이 흔들리는 거라 했네

고적히 듣는
저 소리
바람소린가
물소린가
허공이 우는 소리인가
창 열고 바라보는
밤하늘에
긴 꼬리 그으며
유성이 지네

길게 긋고 가는 차가운 기운
마음속 소리판 울리고 가네

천둥소리

따스한 봄날
고요한 허공에
툭! 꽃 하나
떨어지는 소리

허공꽃

모양과 소리는 서로가 닮아
소리만으로도 모양이 떠오른다
파꽃, 하면 영락없는 파가 떠오르고
등꽃, 하면 칭칭 감는 등나무 보인다
장미, 하면 화려한 장미가 보이고
리라, 하면 보랏빛 향기로운 리라꽃 내음

그의 이름은 찬
그래서 찬! 하고 부르면
그 소리에 딱 맞는 내가 짠~!
나타난다든가 아니면 노래가사처럼
찬, 찬, 찬, 번쩍거리며
소리 속으로 빛나는 무엇이
나타날 것만 같다

아직은 그 모습 보이지 않지만
분명 빛나는 그 무엇일 것 같은
그러나 꿈 같은 꽃, 허공꽃 핀다

급한 일

 급한 일 아니면 전화하지 마라 다짐해놓고 산에 들었다 대웅전 밑에 핀 꽃도 보고 계곡물에 발도 담그고 산마루에 올라서 산 너머 지는 해도 보고…… 산꽃들 제철에 제 모습으로 피고 풀들도 제철에 우거지게 푸르다 산새들 기척에 푸드득 날면 여린 쇠풀 놀란 듯 덩달아 건들거리다가 거친 바람에 급히 모가지 꺾는다 도회에서 온 산객들은 산에서도 바쁘다 말소리도 빠르고 발소리도 빠르다 집에서 전화가 왔다고 해 전화한다…… 나야 무슨 일인데, 그래서 전화한 거야? ……아이들이 보고 싶어해 전화했답니다 어처구니없어하는데 스님이 빙긋 웃는다 역까지 모셔다드리지요 밤차가 있을 겁니다

 밤하늘에 별들 가득하다 운전하던 스님 한 말씀 하신다 "그것도 급한 일이지요" 예? 하다 말고 입을 다문다 정거장에 도착하니 또 한 말씀이다 "그럼 천천히 올라가시지요" 밤기차 차창에 기대 스님 말씀 떠올린다 창밖으로 어둠이 급하게 지나가고 먼 들판 가운데로 제 키만큼씩의 어둠 밝히며 차 한 대가 천천히 달려가고 있다

목포의, 눈물

울 어매 처녓적 목포 살았네
내 각시 처녓적 목포 살았네
어매 늙어가시며 옛날 목포 얘기만 했네
말뚝만 봐도 절하던 시절 목포 자주 갔네
삼학도는 이제 섬 아닌 섬
꿈 잃고 모여든 밤여인들만 사네
섬 무너질 때 어매도 무너져
초점 잃은 눈으로 애당초, 애당초
애당초 소리만 해대고
시집와 어릴 적 꿈 다 깨져버린 새색시
어매 머리 쓰다듬으며 놀고 있네 어르네
긴 모가지 슬퍼 우는 삼학도 목포의, 눈물
가슴에 가득 고여 흘러넘치네
이제는 가끔 혼자서도 울 줄 아네
어매 각시 고향 노래 목포의, 눈물

째보 금자

금자는 째보,
생각난다 그 모습
나만 보면 배시시
부끄럽게 웃던 얼굴
발그레한 볼테기

눈 맞춘 어느 봄날
생교 고지기네 마루 밑에서
담요 뒤집어쓰고 모림삑놀이 하면
금자는 날 껴안고 할딱거렸네
뒤안 장다리밭에서
늘어지게 자다 오면
아이들 사이에 소문이 퍼져
금자는 나를 보고 눈을 흘겼네

째보 금자 오랜만에 꿈에 왔네
금자는 더이상 째보 아니었네
다 큰 처녀로 덤비던 째보 금자

째보 아닌 모습 설어 뒷걸음쳤네
눈 흘기며 화내는 금자
그 흘김 그대로였네
발그레 이쁜 볼도 그대로였네

108계단

한 계단 오를 때마다 한 가지씩 생각한다

낳고 늙고 병들고 죽는 것이사 내 뜻이 아니므로 생각할 것도 없다 사는 일이 때론 뜻대로 되지 않았다 해도 조금씩은 생각나는 일 있어 내장산 불출봉 108계단을 오르며 뉘우쳐 본다

산은 쉬엄쉬엄 올라야 한다

가쁜 숨소리가 온통 삼켜버릴 것이므로 그리하면 지금 오르는 계단은 경사진 산길일 뿐일 것이므로 바람소리 앞산 쑥국새 소리 숨소리에 묻혀 들리지 않을 것이므로

철계단 양옆을 장엄하는 꽃들 큰바람에 뿌리 뽑힌 참나무 둥치에 쌓인 낙엽을 밀고 차오르는 푸른 속살 못 볼 것이므로

생각하면 걸음마다 후회할 일 뿐이다

해 하나 토해놓고 시방 산은 묵묵하다 봉우리에 앉아 먼산 바라기 하면 조릿대 사이로 피어난 진달래 바람에 한들 한가롭게 흔들린다

소리를 찾아서
―서래봉 가는 길

지루하고 막막한 날이 끝나간다
그 끝에서 홀로 붉게 타는 칸나여, 안녕!
다시는 못 볼 푸른 하늘이여, 너도 안녕!

| 해설 |

자연의 운행원리와 영생의 시학

홍용희(문학평론가)

　박찬은 1983년 『시문학』으로 문단에 나온 이래 『수도곶 이야기』 『그리운 잠』 『화염길』 『먼지 속 이슬』 등의 시집과 실크로드 문학 기행집 『우는 낙타의 푸른 눈썹을 보았는가』를 간행하며 꾸준한 문단활동을 전개해왔으나 2007년 1월 갑작스럽게 세상을 떠나고 말았다. 1948년 정읍에서 태어난 그는 육십 세를 일기로 우리 곁을 영원히 떠난 것이다. 그러나 그의 죽음이 곧 시인 박찬의 죽음을 가리키는 것은 아니다. 이 말은 추도사 성격의 글에 단골로 등장하는 문구이지만, 그러나 박찬의 경우 상투적인 수사의 범주와 다른 차원에서 표나게 주목되어야 할 것이다. 그가 남긴 유고 시편들을 마주하면서 새삼 그의 시 세계가 삶과 죽음의 이분법적 경계를 넘어서는 무위(無爲)와 도(道)의 이치를 추구하고 있었음을 깊이 확인할 수 있었기 때문이다.

노자에 의하면 자연의 이법에 해당하는 도(道)의 경지에서 생과 사는 절대적 경계의 실체가 아니다. 마치 '흐르는 달이 물에 잠겨 있으나 젖지 않는 것'처럼 삶과 죽음을 겪고 있으나 그 속에 갇히지 않는 자재의 경지에 '죽음의 자리'란 없다. 이것은 삶 속에서도 삶의 집착에 갇히지 않고 죽음 앞에서도 죽음에 함몰되지 않는, 그래서 삶과 죽음, 생성과 소멸에 얽매이지 않는 영생적 존재성을 가리킨다. 이를 좀더 구체적으로 이해하기 위해서는 노자의 『도덕경』 제50장을 직접 인용해보기로 한다.

나오면 살고 들어가면 죽거니와 살아 있는 무리가 열에 셋이요 죽어 있는 무리가 열에 셋이며 생을 움직여서 죽음의 자리로 가는 자가 또한 열에 셋이다. 어째서 그러한가? 살려고 애쓰기에 지나친 까닭이다. 들건대 삶을 잘 다스리는 자는 육지를 가되 외뿔소나 호랑이를 만나지 않고 싸움터에 가되 갑옷과 병기를 입지 않으니, 외뿔소가 그 뿔로 받을 곳이 없고 호랑이가 그 발톱으로 낚아챌 곳이 없으며 병사가 그 칼로 찌를 곳이 없다. 어째서 그러한가? 죽음의 자리가 없기 때문이다.(出生入死 生之徒十有三, 死之徒十有三 人之生動之死地者, 亦十有三. 夫何故, 以其生生之厚. 蓋聞 善攝生者 陸行不遇兕虎, 兕無所投其角 虎無所措其爪, 兵無所容其刃. 夫何故, 以其無死地焉.)

위의 인용문에서 강조하고 있는 바처럼 너무 지나치게 삶에 집착하는 것은 살아서도 삶을 죽음의 자리로 옮기는 것이 된다. 삶의 허욕에 지나친 집착을 갖지 않는 것이 삶은 물론이고 죽음 앞에서도 당당할 수 있게 한다. 그래서 죽어도 죽음의 경계로부터 초연한 여유를 지닐 수 있게 된다. 도(道)를 터득한 선사들은 부질없는 생에 사로잡히지도 않으며 죽음에 짓눌리지도 않는다. 생사의 이분법적 간택에 휘말려들지 않음으로써 생사를 포괄하면서 이를 넘어선 영생의 차원에 도달할 수 있는 것이다.

박찬의 시 세계의 근간이 이와 같이 삶과 죽음의 경계로부터 초연한 자재로움을 추구하는 데 있음은 다음과 같은 시편을 통해서도 엿볼 수 있다.

(……) 아무도 날 찾지 않은 것이다 어디예요 언제 들어올 거예요 하다못해 그런 전화마저도 없었다

젊은 날 배낭 하나 달랑 메고 돌아다닐 때 버스에서 만난 한 여자가 물었다 혼자 다니면 외롭지 않아요? 잘 모르겠는데요 혼자 다니면 왜 외로울 거라고 생각할까…… (……) 그래도 외롭다는 생각은 한 적도 없는데…… 그런데 오늘 문득 한 생각 떠오른다…… 이제는 가도 되겠다…… 조용히 돌아가도 되겠다 싶다…… 누구도 귀찮게 하지 않고 슬그머니 가기 참 좋은 때인 것 같다……는……

......

　오늘은 참 별이 유난히 많이 떠 있다
　　　　　　　　　　　　―「적막한 귀가」 중에서

　시적 화자는 스스로 외롭다는 인식도 하지 못한 채 외롭게 살아왔다. 젊은 날이 지나면서 "혼자"는 외로움이란 것을 새삼 자각하게 된다. "봄꽃,/저 홀로 피었다 지듯/오직 나 혼자뿐!"(「절름발이」)인 외로움이 이 세상사의 존재론적 숙명인 것이다. 그렇다면 죽음 또한 가볍고 부담 없이 맞이할 수 있지 않겠는가. "누구도 귀찮게 하지 않"을 수 있고 누구에게도 치명적인 고통을 주지 않을 수 있기 때문이다. 그러므로 "적막한 귀가"는 가벼운 귀가로서의 의미를 지닐 수 있게 된다. 이렇듯 시적 화자는 삶의 존재론적 숙명을 이해하면서 현실 삶에 대한 집착과 욕망의 긴장으로부터 스스로 놓여나는 면모를 드러내고 있다. 마지막 부분의 "가기 참 좋은 때인 것 같다"는 독백적 진술에서 죽음의 세계는 이미 공포스런 단절의 영역이 아니라 친숙한 이웃으로 느껴진다.

　한편, 죽음의 고갯길을 걸림 없이 허허롭게 가고 있는 다음 시편은 위의 시의 후속편으로 읽힌다.

　　많이들 바쁜가본디 어서 싸게들 가보쇼 나는 그냥저냥 가는 둥 마는 둥 갈라요 장다리밭에 노닐며 장다리꽃 따먹다 아지랑이 어질어질 나비 따라 가다가 뒷동산에 올라 삐비도 뽑아먹고 송홧가루 얼굴에 분칠도 하고 아카시아 훑어먹다 들에 내려 자운영 다북숲 논두렁에 앉아 꼴린 보릿대 꺾어 보리피리 만들어 삘리리 불며 놀다 갈라요 그렇게 노닐다 싸목싸목 갈 텡게 빨리 오라 늦게 온다 궁시렁들 마쇼 이리 가도 결국은 가는 길인디 머 헐라고 그리 바쁘게 종종거린다요 그래도 먼저 가신 곳 북적거리거든 내 자리도 하나 봐줬으면 쓰겄소(ㅎㅎㅎ^^)

    꽃상여 단풍든 산 넘어가네
    산 너머 눈 쌓인 산마을에 닿거든
    지친 몸 거기 퍼지게 누웠다가
    한 바람 눈발에 어디든 휘날리리

—「인생아!」 전문

시적 화자의 저승 가는 길의 자재로운 발걸음이 전라도 사투리가 자아내는 가락에 실려 정답고 친숙하게 그려지고 있다. 저승 행렬에서도 많은 이들이 현세에서처럼 분주하고 성급하고 번잡하다. 그러나 시적 화자는 "그냥저냥 가는 둥 마는 둥" 가겠다고 한다. 여기에 생사의 분별지의 지배에 구속되지 않는 절대 자유인의 모습이 드러나고 있다. 이처럼 죽음의 고갯길을 넘어가는 여로가 마치 들판으로 소풍가는 모습처럼 펼쳐질 수 있는 것은 삶에 대한 달관의 태도에서 비롯된다. 삶의 탐욕과 집착에서 벗어나 대자연의 섭리에 스스로를 맡기고 이를 관조하며 즐기는 인생관이 드러나고 있는 것이다. 그렇다면, 삶과 죽음이 반복되는 대자연의 운행원리란 무엇인가? 그것은 수많은 변화들이 "아무 일도 일어나지 않"은 것처럼 무한 지속되는 "자연"하고 "여여"한 일상이다.

> 백모란 지던 시절
> 그 시절 시들듯 시들어갔네
> 꽃 같던 모습
> 뚝뚝 지는 꽃처럼
> 빗방울 후드득 떨어지고
> 하늘은 다시 맑았네
> 뒷산 불던 바람 자연하고
> 흰 구름 둥둥 여여하였네
>
> 그 시절 시들듯 그도 시들어갔네
>
> 아무 일도 일어나지 않았네
> 꽃잎만 한 잎
> 뚝! 떨어졌을 뿐
>
> —「그 시절」 전문

대자연의 질서는 항상 "아무 일도 일어나지 않"은 듯 변화가 없다. 그러나 그 속에서는 "그 시절 시들"고 "그도 시들어" 가는 무수한 소멸과 생성의 역동적인 순환이 지속된다. "빗방울 후드득 떨어지고 / 하늘은 다시 맑"아지는 변화의 순환원리가 대자연의 본래의 질서이며 존재성인 것이다. 그래서 "꽃 같던 모습"들 "빗방울"처럼 시들어가도 대자연의 풍모는 어떤 표정도 없이 그저 "자연"하고 "여여"하다. 대자연의 운행원리는 생과 사, 소멸과 생성의 이분법적 틀 속에 갇혀 있거나 휘둘리지 않고 이 둘을 모두 동시적으로 포괄한 채 이를 넘어서 있는 포월(抱越)의 경지이다. 여기에서 소멸은 절대 무(無)의 단절이 아니라 자연의 운행질서를 통한 영생이다.

다음 시편은 박찬의 대자연의 질서를 통한 영생으로서의 죽음에 대한 인식을 좀더 직접적이고 구체적으로 보여준다.

> 더러는 바람과 함께 멀리 날아가십시오
> 더러는 주린 날짐승의 먹이가 되었다가 먼 땅에 다시 태어나십시오
> 더러는 빗물에 씻겨가 물색 산천어와 노니십시오
> 더러는 나무와 풀도 기르십시오
> 그리고 더러는 꽃으로 피어 가을날 저희들 찾아오는 길 따라 손을 흔들어주십시오
> 당신은 꽃을 많이 기르고 싶다 하셨지요
>
> 매양 그러하지만 또 눈물납니다

이제 이 세상이 모두 당신 집이지만 당신은 어디에도 안계
십니다
―「散骨을 하며 ― 어머님께」중에서

어머니의 유해를 "散骨"하고 있다. 어머니는 분명 죽었으
나 죽지 않았다. 어머니는 "바람과 함께 멀리 날아가"고 "물
색 산천어와 노"닐고 "나무와 풀도 기르"는 주체로 등장하고
있다. 죽음은 절대 무의 세계로의 수동적 전락이 아니라 대자
연의 운행원리에 대한 또다른 방식의 능동적 참여이다. 물론
죽음의 존재방식은 부재의 현존이라는 역설적 방식이다. 이
를테면, "이 세상이 모두 당신 집이지만 당신은 어디에도 안
계"시는 양상으로 살고 있는 것이다. 이와 같이 어머니의 유
해를 향한 시적 화자의 진술한 대화는 대자연의 순환원리에
입각한 죽음의식에 의해 가능한 것이다.

한편, 박찬의 대자연의 운행원리에 입각한 세계인식은 다
음과 같은 「오래된 숲」 연작으로 변주되어 나타나기도 한다.

가없는 하늘에서 쏟아지는 햇살 밤하늘의 별빛 그대 머리
위에 눈부십니다 새 한 마리 날아와 온 하늘을 뒤덮는다 한들
누가 있어 그것을 알 것입니까 그곳에 앉아 그대로 풍화돼버
린다 해도 그대 그렇게 앉아 있는 뜻 그 누가 알기나 할 것입
니까
―「오래된 숲3」 중에서

사랑하는 일은 부단히 누군가를 상관하는 일입니다 아무것
도 사랑하지 않는다면 어찌 상관하려 들 것입니까 사랑이 없
다면 땅도 비도 눈도 바람도 햇빛도 그리고 마음도 없는 황량
한 죽음뿐일 것입니다

─「오래된 숲 2」중에서

"오래된 숲"은 대자연의 이치를 웅변처럼 전해준다. 그곳
에는 "별" "새" "하늘"이 머무르고 뭇 사물들이 영겁의 세월
에 걸쳐 "풍화돼"가는 침묵의 영토이다. "오래된 숲"은 처음
부터 자신의 모습과 뜻을 자랑하거나 호소하려 하지 않는다.
본래의 자신의 모습 그대로 "그렇게 앉아 있"을 뿐이다.

그렇다면, 본래의 모습 그대로 "앉아 있는 뜻"은 과연 무엇
일까? 그것은 "사랑"의 자연적 방식으로서의 "상관"이다. 숲
은 서로 "상관"을 통해 풍요로운 질서를 일구고 있었던 것이
다. 다시 말해, 숲의 사물들은 제각기 서로를 향한 상관을 통
해 유기적인 생명체를 펼쳐내고 있었던 것이다. 따라서 숲의
사물들이 "그곳에 앉아 그대로 풍화돼버린다 해도" "그렇게
앉아 있는 뜻"은 개별적 특성인 동시에 보편적인 "상관"의 질
서에 동참하는 것이다. 서로 경쟁하거나 다투지 않는 조화의
"상관"성이 숲을 풍요로운 생명의 영토로 일구어내고 있는
것이다. 이렇게 보면, 여기에서 숲의 "상관"이란 천지지도
(天地之道)의 현현태를 가리킨다고 할 수 있으리라. 숲의 모
든 사물은 개별적 주체이면서 동시에 숲의 "상관"의 질서를

내면화하고 있는 보편적 주체로서의 속성을 지니고 있는 것이다.

그래서 박찬에게 시적 대상은 개별적 존재자이면서 동시에 대자연의 "상관"을 내면화한 우주생명의 보편적 존재자이다. 그렇다면, 인위적인 말로는 표현하기 어려운 사물의 본성과 근원에 해당하는 자연의 이법과 도의 세계는 어떻게 구현할 수 있을까? 이때 박찬은 자신의 시 창작 방법론으로, 심미적 주관성에 입각한 주체중심주의로부터의 탈피를 내세운다.

> 이제 더이상 꽃에 대해 이야기하지 않겠다
> 꽃에 대해 얘기하자면 한이 없을 것이므로
> 그러다 마침내 꽃을 잃어버리게 될 것이므로
>
> 새벽 산책길에서
> 한낮의 호젓한 산길에서
> 행여 그 꽃을 보게 되면
> 그냥 생각만 하리
> 건들거리는 바람처럼……
> "이쁜 꽃이 피었네"
>
> ─「예쁜 꽃」 전문

"꽃"은 꽃이면서 꽃 이상이다. 다시 말해, 꽃이란 현상적인 대상으로서의 속성과 더불어 대자연의 이치를 내면화한 주체로서의 속성을 동시에 지니는 것이다. 따라서 꽃에 대해 말하는 것은 현상적인 층위의 묘사에 그치기 쉽다. 왜냐하면, 대자연의 이치는 말로써 지칭할 수 없기 때문이다. 노자 『도덕경』의 첫머리에 나오는 저 유명한 '도를 말로 하면 말로 된 도가 도 그 자체는 아니다(道可道 非常道)'라는 논법과 상통하는 것이다. 이것은 대상에 대해 말로 할 수밖에 없다면 말로 담아내지 못한 세계를 보아야 한다는 의미를 내포하기도 한다. 그래서 시적 화자는 "꽃에 대해 얘기하자면", "마침내 꽃을 잃어버리게 될 것이므로" 주관적인 분별의식에서 벗어나 "건들거리는 바람" 같은 무위(無爲)의 자세와 시선으로 접근하고자 한다.

이러한 무위의 창작 방법론이 구체적인 시적 묘사의 실제에서는 사물에 대한 주체중심주의적 시각에서 객체중심적 시각으로의 전환으로 나타난다.

서슬 푸른 恨이 녹아 계곡물에 흰 눈 비친다 우유통을 쏟아놓은 듯 젖빛으로 고인 눈 그림자 어미 잃은 아기수달 핥다 간 흔적 눈 사진으로 어지럽게 찍혔다 생강 서어 왕벚 다릅 굴참 졸참 망개 왕팽 팥배 쪽동백 까치박달 새벽 산길 허리에 이름표를 단 나무들 사이로 누가 벌써 오른 듯 움푹움푹 발자국 산 넘어갔다 산등에 비스듬히 걸린 달이 밤새워 하현으로 기우는 겨울 주왕산 하늘 눈동자인 듯 별 더욱 총총하다 새벽공기 차

가워 바람이 인다

—「겨울 주왕산」 전문

 이 시의 창작주체는 "눈 사진"이다. 대체로 시상의 흐름이 "눈"의 흔적에서부터 촉발되어 전개되고 있다. "아기수달 핥다 간 흔적"과 "나무들 사이"의 "발자국"으로 드러난 눈의 기록을 통해 "겨울 주왕산"에서 있었던 상황을 해독하고 있는 것이다. 물론, "생강 서어 왕벚 다릅 굴참 졸참 망개 왕팽 팥배 쪽동백 까치박달 새벽 산길 허리에 이름표를 단 나무들"에 대한 서술은 눈의 기록과는 변별된다. 그러나 이러한 직서적 서술은 "눈 사진"의 사실적인 화법을 지향하고 있다는 점에서 객체중심주의를 벗어나지 않고 있다. "별 더욱 총총하"고 "새벽공기 차가워 바람이 인다"는 결구 역시 최대한의 주관적인 감정 절제를 통한 객관적 묘사를 추구하고 있다. 박찬의 시 세계에서 이와 같이 시적 대상에 대해 심미적 주관성의 미적 거리를 최대한 멀리 떨어뜨리는 방법을 통해 객체중심주의를 지향하는 창작 방법론은 「오래된 숲」 연작, 「산빛」 「새벽별」 「미황사」 등에서 빈번하게 만날 수 있다. 이것은 그가 "몸살"을 앓고 있는 자신을 향해서도 "사실은 내가 아픈 게 아니다. 나는 그저 내 몸에 들어와 앓고 있는 놈의 정체를 알기 위해 지그시 눈을 감고 어둠 속에서 그놈을 찾고 있는 것이다"(「몸살」)라고 말하는 대목에서 드러나는 것처럼 말로 묘사하기 어려운 비가시적인 근원을 구현하고자 하는 시적 추구의 산물인 것이다.

이와 같이 박찬의 시적 삶은 자신과 자신을 둘러싼 외부세계에 대해 가시적인 현상 관찰에 그치지 않고 그 이면의 비가시적인 대자연의 이법과 운행원리를 탐색하고 이를 내면화하고 있었던 것이다. 특히 그의 객체중심주의적인 시적 묘사는 인위적인 말로 구현하기 어려운 사물의 존재론적 이치를 사물 스스로 드러낼 수 있게 하는 방법적 시도라는 점에서 주목된다. 그러나 그의 시적 삶은, 그가 2007년 1월 그의 나이 육십 세에 세상을 떠남으로써 중단되고 만다. 하지만 서두에서 지적한 바처럼 그의 시 세계는 자연적인 죽음의 경계선에 의해 단절되지 않는다. 그의 시적 추구의 본령은 삶과 죽음의 경계를 통과하면서도 그 이분법적 틀 속에 휘둘리지 않고 이를 포월함으로써 지속적으로 영생하는 대자연의 이법과 '도(道)'의 세계에 있기 때문이다. 앞으로도 박찬의 시 세계가 지속적으로 우리 곁에 머물면서 '죽음이 없는 자리(無死地)'에 이르는 삶의 철학을 특유의 친숙한 목소리로 일러주기를 간곡히 바란다.

외로운 식량
ⓒ 박찬 2008

1판 1쇄	2008년 1월 19일
1판 2쇄	2008년 2월 11일

지 은 이	박찬
펴 낸 이	강병선
책임편집	조연주 최유미
펴 낸 곳	(주)문학동네
출판등록	1993년 10월 22일 제406-2003-000045호

주　　소	413-756 경기도 파주시 교하읍 문발리 파주출판도시 513-8
전자우편	editor@munhak.com
전화번호	031) 955-8888
팩　　스	031) 955-8855

ISBN 978-89-546-0498-7　03810

* 이 책의 판권은 지은이와 문학동네에 있습니다.
　이 책 내용의 전부 또는 일부를 재사용하려면 반드시 양측의 서면 동의를 받아야 합니다.
* 이 도서의 국립중앙도서관 출판시도서목록(CIP)은
　e-CIP 홈페이지(http://www.nl.go.kr/cip.php)에서 이용하실 수 있습니다.
　(CIP제어번호: CIP2008000054)

www.munhak.com

문학동네 시집

김남주	옛 마을을 지나며	김시천	마침내 그리운 하늘에 별이 될 때까지
김영현	남해엽서	이산하	천둥 같은 그리움으로
박 철	새의 全部	서동욱	랭보가 시쓰기를 그만둔 날
하종오	쥐똥나무 울타리	마종하	활주로가 있는 밤
김형수	빗방울에 대한 추억	김명리	적멸의 즐거움
서 림	伊西國으로 들어가다	김익두	서릿길
염명순	꿈을 불어로 꾼 날은 슬프다	박이도	을숙도에 가면 보금자리가 있을까
이동순	꿈에 오신 그대		
안찬수	아름다운 지옥	정영선	장미라는 이름의 돌멩이를 가지고 있다
박주택	방랑은 얼마나 아픈 휴식인가		
신동호	저물 무렵	윤희상	고인돌과 함께 놀았다
손진은	눈먼 새를 다른 세상으로 풀어놓다	최갑수	단 한 번의 사랑
		이윤림	생일
유강희	불태운 시집	양정자	가장 쓸쓸한 일
최영철	야성은 빛나다	박 찬	먼지 속 이슬
문복주	우주로의 초대	서 림	세상의 가시를 더듬다
권오표	여수일지(麗水日誌)	윤의섭	천국의 난민
하종오	사물의 운명	박 철	영진설비 돈 갖다 주기
주종환	어느 도시 거주자의 몰락	김철식	내 기억의 청동숲
오세영	아메리카 시편	박몽구	개리 카를 들으며
이윤학	나를 위해 울어주는 버드나무	김영무	가상현실
이재무	시간의 그물	양선희	그 인연에 울다
윤 효	게임 테이블	조창환	피보다 붉은 오후
고재종	앞강도 야위는 이 그리움	김영남	모슬포 사랑
이명찬	아주 오래된 동네	윤제림	사랑을 놓치다
정우영	마른 것들은 제 속으로 젖는다	강연호	세상의 모든 뿌리는 젖어 있다
함명춘	빛을 찾아나선 나뭇가지	한영옥	비천한 빠름이여
심호택	미주리의 봄	이희중	참 오래 쓴 가위
하종오	님	이순현	내 몸이 유적이다